- This *Notebook* belongs to -

_____

Jocs press

Don't be a Lady

★
★ be a legend

Don't be a Lady

★
★ be a legend

Don't be a Lady

★
★ be a legend

Don't be a Lady

be a legend

Don't be a Lady

★
★ be a legend

Don't be a Lady

Don't be a Lady

★
★ be a legend

Don't be a Lady

★
★ be a legend

Don't be a Lady

★
★ be a legend

Don't be a Lady

★
★ be a legend

Don't be a Lady

be a legend

Don't be a Lady

be a legend

Don't be a Lady

★
★ be a legend

Don't be a Lady

Don't be a Lady

★
★ be a legend

Don't be a Lady

★
★ be a legend

Don't be a Lady

★
★ be a legend

Don't be a Lady

be a legend

Don't be a Lady

★
★ be a legend

Don't be a Lady

★
★ be a legend

Don't be a Lady

★
★ be a legend

Don't be a Lady

★
★ be a legend

Don't be a Lady

★
★ be a legend

Don't be a Lady

★
★ be a legend

Don't be a Lady

★
★ be a legend

Don't be a Lady

★
★ be a legend

Don't be a Lady

★
★ be a legend

Don't be a Lady

★
★ be a legend

Don't be a Lady

★
★ be a legend

Don't be a Lady

be a legend

Don't be a Lady

be a legend

Don't be a Lady

be a legend

Don't be a Lady

★
★ be a legend

Don't be a Lady

★
★ be a legend

Don't be a Lady

be a legend

Don't be a Lady

Don't be a Lady

Don't be a Lady

★
★ be a legend

Don't be a Lady